| | | |
|---|---|---|
| | | 立志社《りっししゃ》を設立《せつりつ》する |
| 一八七五 | 三十九さい | 愛国社《あいこくしゃ》を設立《せつりつ》する |
| 一八八一 | 四十五さい | 自由党《じゆうとう》を結成《けっせい》し、総理《そうり》となる |
| 一八八二 | 四十六さい | 四月《がつ》、岐阜県《ぎふけん》で演説会《えんぜつかい》をおこない、刺客《しかく》におそわれる |
| | | 十一月《がつ》、後藤象二郎《ごとうしょうじろう》とともに外国《がいこく》へ視察《しさつ》に行《い》く |
| 一八八四 | 四十八さい | 自由党《じゆうとう》を解散《かいさん》する |
| 一八九〇 | 五十四さい | 立憲自由党《りっけんじゆうとう》を結成《けっせい》する |
| 一八九六 | 六十さい | 第《だい》二次伊藤博文内閣《じいとうひろぶみないかく》の内務大臣《ないむだいじん》となる |
| 一八九八 | 六十二さい | 大隈重信内閣《おおくましげのぶないかく》の内務大臣《ないむだいじん》となる |
| 一九〇〇 | 六十四さい | 政治《せいじ》の世界《せかい》から引退《いんたい》する |
| 一九一九 | 八十三さい | 七月《がつ》十六日《にち》、病気《びょうき》でなくなる |

## この本《ほん》について

『よんで しらべて 時代《じだい》がわかる ミネルヴァ日本《にほん》歴史人物伝《れきしじんぶつでん》』シリーズは、日本《にほん》の歴史上《れきしじょう》のおもな人物《じんぶつ》をとりあげています。

前半《ぜんはん》は史実《しじつ》をもとにした物語《ものがたり》になっています。有名《ゆうめい》なエピソードを中心《ちゅうしん》に、その人物《じんぶつ》の人生《じんせい》や人《ひと》がらなどを楽《たの》しく知《し》ることができます。

後半《こうはん》は解説《かいせつ》になっていて、人物《じんぶつ》だけでなく、その人物《じんぶつ》が生《い》きた時代《じだい》のことも紹介《しょうかい》しています。物語《ものがたり》をよんだあとに解説《かいせつ》をよめば、より深《ふか》く日本《にほん》の歴史《れきし》を知《し》ることができます。

歴史《れきし》は少《すこ》しにがてという人《ひと》でも、絵本《えほん》をよんで楽《たの》しく学《まな》ぶことができます。歴史《れきし》に興味《きょうみ》がある人《ひと》は、解説《かいせつ》をよむことで、さらに歴史《れきし》にくわしくなれます。

### ■解説《かいせつ》ページの見《み》かた

人物《じんぶつ》についてくわしく解説《かいせつ》するページと時代《じだい》について解説《かいせつ》するページがあります。

文中《ぶんちゅう》の青《あお》い文字《もじ》は、31ページの「用語解説《ようごかいせつ》」で解説《かいせつ》しています。

写真《しゃしん》や地図《ちず》など理解《りかい》を深《ふか》める資料《しりょう》をたくさんのせています。

「もっと知《し》りたい！」では、その人物《じんぶつ》にかかわる博物館《はくぶつかん》や場所《ばしょ》、本《ほん》などを紹介《しょうかい》しています。

「豆《まめ》ちしき」では、人物《じんぶつ》のエピソードや時代《じだい》にかんする基礎知識《きそちしき》などを紹介《しょうかい》しています。

よんでしらべて時代がわかる
ミネルヴァ日本歴史人物伝

# 板垣退助《いたがきたいすけ》

## 国民参加の政治をめざして

監修　安田常雄
文　西本鶏介
絵　青山邦彦


もくじ




ミネルヴァ書房

# 板垣《いたがき》死《し》すとも自由《じゆう》は死《し》せず

「政治《せいじ》はあくまで国民《こくみん》のものであり、すべての国民《こくみん》はその政治《せいじ》に参加《さんか》する権利《けんり》があります。基本的人権《きほんてきじんけん》をまもり、だれもが自由《じゆう》で平等《びょうどう》な国《くに》をつくるためには、憲法《けんぽう》をつくり、国会《こっかい》をひらかなくてはなりません。ひとりでも多《おお》くの人《じん》民《みん》大衆《たいしゅう》がこの自由民権運動《じゆうみんけんうんどう》に参加《さんか》し、立憲政治《りっけんせいじ》の実現《じつげん》をはかるべきです。」

われるような拍手《はくしゅ》のなかで演壇《えんだん》をおりた板垣退助《いたがきたいすけ》は、聴衆《ちょうしゅう》にむかって手《て》をふると、ゆっくり会場《かいじょう》の玄関《げんかん》を出《で》ました。そしてつきそいの人《ひと》といっしょに数歩《すうほ》歩《ある》いたときです。

「この国賊《こくぞく》め！」

と、さけぶなり、ひとりの男《おとこ》が短刀《たんとう》をふりかざしながらとびだしてきました。

「なにをする。」

武芸《ぶげい》の心得《こころえ》がある退助《たいすけ》はひじをまげ、男《おとこ》の横腹《よこばら》を打《う》ちました。男《おとこ》はいっしゅんよろめきましたが、たちなおるなり、短刀《たんとう》で退助《たいすけ》の胸《むね》を二度《ど》つきました。つきそいの人《ひと》が男《おとこ》のえりをつかんで引《ひ》きたおすと、数人《すうにん》の仲間《なかま》がかけつけ、短刀《たんとう》をうばってとりおさえました。退《たい》助《すけ》は手《て》ぬぐいをきずにあててたちあがり、男《おとこ》をにらみつけてさけびました。

「板垣《いたがき》死《し》すとも自由《じゆう》は死《し》せず！」

その気迫《きはく》にのまれ、男《おとこ》はなにもいえず、退《たい》助《すけ》の顔《かお》を見《み》つめていました。

応急手当《おうきゅうてあて》をうけた退助《たいすけ》は、すぐにちかくの旅館《りょかん》へ運《はこ》ばれ、医者《いしゃ》がよばれました。胸《むね》の二か所《しょ》のきずは、深《ふか》くてもいのちに別状《べつじょう》のないことがわかりました。治療《ちりょう》がすむと、退助《たいすけ》はまわりの者《もの》にいいました。

「わが自由党《じゆうとう》をぶっつぶせという連中《れんちゅう》は多《おお》いけれど、わしがさされたおかげで、自由党《じゆうとう》の名《な》はもっと広《ひろ》く知《し》られるようになるぞ。」

退助《たいすけ》のいったとおり、退助《たいすけ》がさけんだことばはたちまち日本《にほん》中《じゅう》に広《ひろ》まり、自由民権運動《じゆうみんけんうんどう》のあいことばになりました。いまも

のこる退助《たいすけ》の名言《めいげん》です。退助《たいすけ》がさされたのは岐阜県《ぎふけん》の金華山《きんかざん》のふもとにあった会場《かいじょう》で、一八八二年《ねん》（明治《めいじ》十五年《ねん》）、退助《たいすけ》が四十六さい、自由党《じゆうとう》の代表《だいひょう》をしているときでした。

退助《たいすけ》をさした男《おとこ》は、愛知県《あいちけん》の士族《しぞく》で、維新《いしん》後《ご》は小学校《しょうがっこう》の先生《せんせい》をしていました。自由党《じゆうとう》と板垣《いたがき》は反対《はんたい》の政府側《せいふがわ》の政党《せいとう》を支持《しじ》していて、板垣をたおさなくては反政府的《はんせいふてき》で過激《かげき》な自由党員《じゆうとういん》がますますふえると思《おも》いこんだのです。しかし、退助《たいすけ》は自分《じぶん》をさした男《おとこ》でも、国《くに》のことを思《おも》う気持《きも》ちだけは高《たか》く買《か》っていました。

憲法発布《けんぽうはっぷ》の恩赦《おんしゃ》で出獄《しゅつごく》したとき、男《おとこ》は退助《たいすけ》のところへ行《い》き、自分《じぶん》のおかした罪《つみ》をあやまりました。すると、退助《たいすけ》はこころよくその罪《つみ》をゆるし、つぎのようにいったとつたえられています。

「きみが個人的《こじんてき》なうらみで、このわしを殺《ころ》そうとしたのではないことはよくわかっている。だが、わしをさす前《まえ》にもっとくわしく我《わ》が党《とう》の主義《しゅぎ》や主張《しゅちょう》を調《しら》べてほしかった。この先《さき》、もしわしが国家《こっか》の害悪《がいあく》だと思《おも》ったら、もう一度《ど》さされてもきみをうらむことはない。」

板垣退助《いたがきたいすけ》は、一八三七年《ねん》（天《てん》保《ぽう》八年《ねん》）、身分《みぶん》の高《たか》い土佐藩士《とさはんし》乾正成《いぬいまさしげ》の長男《ちょうなん》として生《う》まれました。子《こ》どものときは猪之助《いのすけ》といい、その名前《なまえ》のとおりむこう見《み》ずの、思《おも》いこんだら一気《いっき》につきすすむ少年《しょうねん》でした。

学問《がくもん》はきらいでもいくさのことをかいた本《ほん》をよむのが好《す》きで、けんかばかりしていました。

土佐藩《とさはん》の家来《けらい》は南《みなみ》・北《きた》・上《かみ》の三組《くみ》にわかれていて、猪之助《いのすけ》は南《みなみ》組《ぐみ》の少年《しょうねん》たちの総大将《そうだいしょう》として決《けっ》闘《とう》の指揮《しき》をとり、かならず勝《か》つまで戦《たたか》いつづけました。

しかし、乱暴《らんぼう》なところはあっても、猪之助《いのすけ》は男《おとこ》らしく、思《おも》いやりのある人間《にんげん》でした。

あるさむい冬《ふゆ》の日《ひ》のことです。赤《あか》んぼうをだいた女《おんな》が乾家《いぬいけ》の門口《かどぐち》にやってきました。夏《なつ》ものの着物《きもの》はぼろきれのようになり、赤《あか》んぼうをつつむうすよごれた綿《わた》いれもすっかりうすくなっていました。

「どうか食《た》べものをおめぐみください。」

あわれな声《こえ》をきき、思《おも》わず門口《かどぐち》へ出《で》てみれば、ものごいの女《おんな》がたっていました。猪之助《いのすけ》はただちに家《いえ》へもどると、母《はは》にたのんで、にぎりめしをつくってもらいました。それから大《おお》いそぎで姉《あね》の部屋《へや》へ行《い》くと、そこにかかっていた着物《きもの》を一枚《まい》つかんで、門口《かどぐち》へとびだしていきました。

「これを着《き》ていくがよい。」

ものごい女《おんな》は、その着物《きもの》を見《み》て、首《くび》を横《よこ》にふりました。

「とんでもない、こんなきれいな着物《きもの》をいただくわけにはいきません。」

「いいから着《き》ていけ。そのままだとこごえ死《し》んでしまうぞ。」

猪之助《いのすけ》はむりやり女《おんな》のかたに着物《きもの》をかぶせ、にぎりめしのつつみをわたしてあげました。女《おんな》は両手《りょうて》をあわせて何度《なんど》も頭《あたま》をさげ、門《かど》口《ぐち》をはなれていきました。

ところが、あとでそのことを知《し》った姉《あね》が、

「わたしのお気《き》に入《い》りだった着物《きもの》をものごいにあげるなんてゆるせない。」

と、はげしく猪之助《いのすけ》をせめました。すると、母親《ははおや》がいいました。

「まずしい者《もの》を気《き》づかうのはすばらしいことじゃ。猪之助《いのすけ》はなんとやさしくたのもしい男《おとこ》ぞ。」

書　名　お買上の本のタイトルをご記入下さい。

◆ 上記の本に関するご感想、またはご意見・ご希望などお書き下さい。
「ミネルヴァ通信」での採用分には図書券を贈呈いたします。

◆ よく読む分野（ご専門）について、３つまで○をお付け下さい。

1. 哲学・思想　2. 宗教　3. 歴史・地理　4. 政治・法律
5. 経済　6. 経営　7. 教育　8. 心理　9. 社会福祉
10. 高齢者問題　11. 女性・生活科学　12. 社会学　13. 文学・評論
14. 医学・家庭医学　15. 自然科学　16. その他（　　　　）

| | | |
|---|---|---|
| 〒<br>ご住所 | Tel　（　　　） | |
| お名前《ふりがな》 | 年齢<br>歳 | 性別<br>男・女 |
| ご職業・学校名<br>（所属・専門） | | |
| Eメール | | |

ミネルヴァ書房ホームページ　http://www.minervashobo.co.jp/

料金受取人払郵便

山科支店承認

46

差出有効期間
平成25年4月
20日まで

郵便はがき

607-8790

（受　取　人）
京都市山科区
日ノ岡堤谷町1番地

㈱ミネルヴァ書房
読者アンケート係 行

◆ 以下のアンケートにお答え下さい。

お求めの
書店名＿＿＿＿＿＿＿＿市区町村＿＿＿＿＿＿＿＿＿＿＿＿書店

＊ この本をどのようにしてお知りになりましたか？ 以下の中から選び、3つまで○をお付け下さい。

A.広告（　　　）を見て　B.店頭で見て　C.知人・友人の薦め
D.著者ファン　E.図書館で借りて　F.教科書として
G.ミネルヴァ書房図書目録　H.ミネルヴァ通信
I.書評（　　　）をみて　J.講演会など　K.テレビ・ラジオ
L.出版ダイジェスト　M.これから出る本　N.他の本を読んで
O.DM　P.ホームページ（　　　　　　）をみて
Q.書店の案内で　R.その他（　　　　　　）

父《ちち》が病気《びょうき》がちであったため、猪《い》之助《のすけ》の教育《きょういく》は母親《ははおや》の仕事《しごと》でした。けっしてゆたかなくらしではありませんでしたが、人《ひと》をうらやましがったり、ケチな根性《こんじょう》をもったりしないよう、きびしくしつけまし

た。というのも、母親《ははおや》はかつては家老《かろう》もつとめたことのある家《いえ》のむすめで、このひとりむすこの将来《しょうらい》に夢《ゆめ》をたくしていたからです。

そのため、猪之助《いのすけ》のねがいはできるかぎり、かなえるようにしていました。あるとき、有名《ゆうめい》な店《みせ》のお菓子《かし》を食《た》べたいというので、わざわざ買《か》いもとめてきたのに、猪《い》之助《のすけ》はそれを全部《ぜんぶ》仲間《なかま》にあげてしまいました。すると、母親《ははおや》はおこるどころか、

「猪之助《いのすけ》はいまに大物《おおもの》になる。」

といって、よろこんだそうです。

この母親《ははおや》の教育《きょういく》のおかげで、成長《せいちょう》して退助《たいすけ》と名《な》をかえてからは藩《はん》の重役《じゅうやく》にみとめられ、十九さいで江戸《えど》勤務《きんむ》を命《めい》ぜられ、大《だい》観察《かんさつ》（藩内部《はんないぶ》の見《み》はり）などの要職《ようしょく》につきますが、やがて倒幕《とうばく》運動《うんどう》に力《ちから》をそそぐようになります。

一八六八年《ねん》（明治元年《めいじがんねん》）、政治《せいじ》は徳《とく》川幕府《がわばくふ》から朝廷《ちょうてい》へゆずられたにもかかわらず、それに抵抗《ていこう》する一部《いちぶ》の幕府軍《ばくふぐん》とのいくさがつづいていました。

三十二さいになった退助《たいすけ》は政府軍《せいふぐん》（官《かん》軍《ぐん》）の司令官《しれいかん》としてまず甲府《こうふ》へ行《い》き、そこにのこる幕府軍《ばくふぐん》をうちやぶりました。そして甲府《こうふ》へ入城《にゅうじょう》するとき、名字《みょうじ》を乾《いぬい》から板垣《いたがき》にかえました。というのも、乾家《いぬいけ》の祖先《そせん》は甲斐《かい》の武田信玄《たけだしんげん》の重《じゅう》臣《しん》、板垣駿河守《いたがきするがのかみ》であり、官軍《かんぐん》の司令官《しれいかん》がその子孫《しそん》とわかれば甲府《こうふ》の人《ひと》たちも親《した》しみがわくにちがいないと思《おも》ったからです。

「いくさの勝利《しょうり》は合戦《かっせん》に勝《か》つことでなく、その土地《とち》の人《ひと》たちに支持《しじ》されることだ。板垣退助《いたがきたいすけ》はもはや甲斐《かい》の人《にん》間《げん》である。」

退助《たいすけ》はそういって胸《むね》をはりました。

退助《たいすけ》のひきいる官軍《かんぐん》は宇都宮城《うつのみやじょう》にたてこもる大鳥圭介《おおとりけいすけ》がひきいる幕府軍《ばくふぐん》を攻撃《こうげき》するため、日光《にっこう》へむかいました。官軍《かんぐん》に追《お》われた幕府《ばくふ》側《がわ》の大鳥軍《おおとりぐん》は江戸幕府《えどばくふ》の象徴《しょうちょう》ともいえる徳川家康《とくがわいえやす》の墓《はか》がある日光山《にっこうさん》にたてこもり、最後《さいご》のいくさをいどむことにしました。

そのとき、退助《たいすけ》は考《かんが》えました。

（徳川家《とくがわけ》とはなんのかかわりもないが、日光東照宮《にっこうとうしょうぐう》は天下《てんか》の名建築《めいけんちく》であり、いまや日本《にほん》を代表《だいひょう》する貴重《きちょう》な財産《ざいさん》である。これをいくさのために焼《や》くことがあってはならない。）

退助《たいすけ》は日光《にっこう》のちかくにある寺《てら》の僧侶《そうりょ》をよんで、わけを話《はな》し、

「大鳥圭介《おおとりけいすけ》と交渉《こうしょう》して、日光《にっこう》の手前《てまえ》の今市《いまいち》までおりて戦《たたか》うよう説得《せっとく》してもらえないか。日光《にっこう》を戦場《せんじょう》にしたくないのだ。」

と、たのみました。

退助《たいすけ》の思《おも》いを知《し》った僧侶《そうりょ》はよろこんでいいました。

「わかりました。わたしのいのちにかえても説得《せっとく》してみましょう。」

その数日後《すうじつご》、官軍《かんぐん》が日光山《にっこうさん》に到着《とうちゃく》したとき、幕府軍《ばくふぐん》のすがたはありませんでした。退助《たいすけ》の説得《せっとく》がつうじたのです。それから数《すう》か月後《げつご》、幕府軍《ばくふぐん》の最後《さいご》の拠点《きょてん》となった会津藩《あいづはん》の鶴ヶ城《つるがじょう》が落《お》ち、いくさは官軍《かんぐん》の勝利《しょうり》に終《お》わりました。

この会津藩《あいづはん》とのいくさで退助《たいすけ》が見《み》たのは、さむらいと庶民《しょみん》の心《こころ》がひとつになっていないことでした。さむらいでない者《もの》はいくさがはじまるとわれ先《さき》にとにげていき、いっしょに戦《たたか》おうとしないのです。

日《ひ》ごろ、さむらいから差別《さべつ》されている人間《にんげん》が力《ちから》をかすはずもありません。

（だからこそ上《うえ》も下《した》もない、だれもが協力《きょうりょく》しあえる国《くに》にしなくてはいけない。）

退助《たいすけ》はあらためて自由《じゆう》で平等《びょうどう》な政治体制《せいじたいせい》をつくるための運動《うんどう》をすすめていきたいと思《おも》いました。

一八七四年《ねん》（明治《めいじ》七年《ねん》）、土佐《とさ》へもどった退助《たいすけ》は立志社《りっししゃ》という自由民権運動《じゆうみんけんうんどう》の結社《けっしゃ》をつくり、さらには愛国社《あいこくしゃ》、自由党《じゆうとう》へと組織《そしき》を広《ひろ》げていき、やがて政治政党《せいじせいとう》にまで発展《はってん》させていきました。そして一八九六年《ねん》（明治《めいじ》二十九年《ねん》）、六十さいのとき、第二次伊藤博文内閣《だいじいとうひろぶみないかく》の内務大臣《ないむだいじん》（国内《こくない》の治安《ちあん》などを担当《たんとう》）になり、その二年後《ねんご》の大隈重信内閣《おおくましげのぶないかく》でも内務大臣《ないむだいじん》をつとめました。

一九〇〇年《ねん》（明治《めいじ》三十三年《ねん》）、六十四さいで政界引退《せいかいいんたい》を発表《はっぴょう》したあと、退助《たいすけ》は、

「政治《せいじ》は名誉《めいよ》や権力《けんりょく》が中心《ちゅうしん》だから欲《よく》ばりの心《こころ》が生《う》まれる。しかし、社会運動《しゃかいうんどう》は無料《むりょう》ではたらくものだから権力《けんりょく》も欲《よく》も生《う》まれない。政治家《せいじか》をやめ、いんとん生活《せいかつ》をおくる自分《じぶん》のような者《もの》には、うってつけの仕事《しごと》じゃ。」

といって、まずしい人《ひと》を助《たす》ける仕事《しごと》をしたり、赤《あか》ちゃんがいるのに罪《つみ》をおかして刑務所《けいむしょ》へ入《はい》らなければならない女《おんな》の人《ひと》のためにその赤《あか》ちゃんを引《ひ》きとって育《そだ》てる会《かい》をつくったりして、だれもが幸《しあわ》せになる国家《こっか》をねがいつづけました。

晩年《ばんねん》はだれからも注目《ちゅうもく》されないさみしい日《ひ》がつづきましたが、まったく気《き》にかけず、たんたんとくらし、一九一九年《ねん》（大正《たいしょう》八年《ねん》）、八十三さいでなくなりました。

# 板垣退助《いたがきたいすけ》って どんな人《ひと》？

**国会開設《こっかいかいせつ》につながる自由民権《じゆうみんけん》運動《うんどう》をした板垣退助《いたがきたいすけ》は、どのような人《ひと》だったのでしょうか。**

## わんぱくな子《こ》ども時代《じだい》

一八三七年《ねん》（天保《てんぽう》八年《ねん》）四月《がつ》十七日《にち》、板垣退助《いたがきたいすけ》は土佐藩《とさはん》（いまの高知《こうち》県《けん》）の武士《ぶし》だった乾家《いぬいけ》に、父正成《ちちまさしげ》、母《はは》幸《さち》のむすことして生《う》まれました。子《こ》どものころは猪之助《いのすけ》とよばれ、たいへんなわんぱくでしたが、「孫子《そんし》」などの兵法書《へいほうしょ》（戦争《せんそう》での兵《へい》の動《うご》かしかたを説《せつ》明《めい》した本《ほん》）や軍書《ぐんしょ》（戦術《せんじゅつ》を説明《せつめい》する本《ほん》）、武芸《ぶげい》などはよく学《まな》びました。のちに政党《せいとう》をいっしょにつくる後藤象二郎《ごとうしょうじろう》↓29ページとはおさななじみで、よく遊《あそ》び、よくけんかをしたといいます。

1837～1919年《ねん》

自由民権運動《じゆうみんけんうんどう》を主導《しゅどう》した人物《じんぶつ》として、大衆《たいしゅう》からの人気《にんき》が高《たか》かった。
(国立国会図書館所蔵《こくりつこっかいとしょかんしょぞう》)

## 幕末《ばくまつ》の土佐藩《とさはん》

一八五五年《ねん》（安政元年《あんせいがんねん》）、十九さいになった退助《たいすけ》は、土佐藩士《とさはんし》として翌年《よくとし》まで江戸《えど》での勤務《きんむ》につきました。そのころの日本《にほん》は、大《おお》きくかわろうとしていました。一八五三年《ねん》（嘉永《かえい》六年《ねん》）にペリーが浦賀《うらが》に来航《らいこう》してから、国内《こくない》では「開国《かいこく》して外国《がいこく》となかよくしよう」という意見《いけん》と「外国《がいこく》を追《お》いはらえ」という意見《いけん》が対立《たいりつ》、さらに江戸幕府《えどばくふ》をたおそうという動《うご》きまで出《で》てきました。

土佐藩《とさはん》では、意見《いけん》が三つにわかれていました。いままでどおり幕府《ばくふ》にしたがうのがいいと考《かんが》える保守派《ほしゅは》、天皇家《てんのうけ》と幕府《ばくふ》が協力《きょうりょく》して外国勢力《がいこくせいりょく》に対抗《たいこう》すればいいと考《かんが》える公武合体派《こうぶがったいは》、幕府《ばくふ》をたおして政権《せいけん》を天皇家《てんのうけ》にもどし、外国《がいこく》を追《お》いはらおうという尊王攘夷派《そんのうじょういは》です。当時《とうじ》の土佐藩主《とさはんしゅ》の山内容堂《やまうちようどう》と、容堂《ようどう》に信頼《しんらい》されていた吉田東洋《よしだとうよう》は、公武合体《こうぶがったい》派《は》でした。東洋《とうよう》は私塾《しじゅく》をひらき、おいの後藤象二郎《ごとうしょうじろう》など藩《はん》の若者《わかもの》を教《おし》えていました。東洋《とうよう》は退助《たいすけ》もさそいましたが、退助《たいすけ》は東洋《とうよう》と考《かんが》えがあわず、さそいをことわりました。

公武合体派《こうぶがったいは》は、天皇《てんのう》の妹《いもうと》である和宮《かずのみや》を将軍《しょうぐん》・徳川家茂《とくがわいえもち》と結婚《けっこん》させることで、天皇家《てんのうけ》と幕府《ばくふ》の協力関係《きょうりょくかんけい》をつくろうとした。

（「源氏御祝言図《げんじごしゅうげんのず》」歌川三代豊国《うたがわさんだいとよくに》　奈良教育大学学術情報研究《ならきょういくだいがくがくじゅつじょうほうけんきゅう》センター図書館所蔵《としょかんしょぞう》）

## 幕府《ばくふ》をたおすときめる

一八六二年《ねん》（文久《ぶんきゅう》二年《ねん》）、吉田東洋《よしだとうよう》が土佐勤王党《とさきんのうとう》の志士《しし》に殺《ころ》されます。土《と》佐勤王党《さきんのうとう》は、武市半平太《たけちはんぺいた》↓29ページを中《ちゅう》心《しん》とした尊王攘夷派《そんのうじょういは》の集団《しゅうだん》です。東洋《とうよう》の死後《しご》、勤王党《きんのうとう》は山内容堂《やまうちようどう》に弾圧《だんあつ》され、半平太《はんぺいた》は一八六五年《ねん》（慶応元年《けいおうがんねん》）に処刑《しょけい》されました。

退助《たいすけ》はこうした容堂《ようどう》と意見《いけん》があわず、土佐《とさ》をはなれました。その後《ご》、退《たい》助《すけ》は土佐勤王党《とさきんのうとう》だった中岡慎太郎《なかおかしんたろう》に紹《しょう》介《かい》され、薩摩藩《さつまはん》（鹿児島県《かごしまけん》）の西郷隆《さいごうたか》盛《もり》らと京都《きょうと》で会談《かいだん》します。土佐《とさ》の人《ひと》びとをまとめ、武力《ぶりょく》で幕府《ばくふ》をたおすという約束《やくそく》をして、土佐《とさ》にもどりました。

中岡慎太郎《なかおかしんたろう》は維新志士《いしんしし》として活躍《かつやく》したが、坂本龍馬《さかもとりょうま》とともに暗殺《あんさつ》された。

（国立国会図書館所蔵《こくりつこっかいとしょかんしょぞう》）

## 戊辰戦争《ぼしんせんそう》で大活躍《だいかつやく》

一八六七年《ねん》（慶応《けいおう》三年《ねん》）に大政奉還《たいせいほうかん》と王政復古《おうせいふっこ》の大号令《だいごうれい》が出《だ》されたのち、戊辰戦争《ぼしんせんそう》がおこりました。抵抗《ていこう》する旧《きゅう》幕府軍《ばくふぐん》をたおすため、退助《たいすけ》も土佐藩《とさはん》の兵《へい》をひきいて出陣《しゅつじん》しました。甲府《こうふ》（山《やま》梨県甲府市《なしけんこうふし》）では、新選組《しんせんぐみ》の局長《きょくちょう》だった近藤勇《こんどういさみ》の部隊《ぶたい》をやぶりました。また、日光《にっこう》（栃木県日光市《とちぎけんにっこうし》）では、日光《にっこう》東照宮《とうしょうぐう》をいくさからまもるため、べつの場所《ばしょ》で戦《たたか》おうと敵《てき》に提案《ていあん》しました。

つぎつぎと戦《たたか》いに勝利《しょうり》しながら会津《あいづ》（福島県会津若松市《ふくしまけんあいづわかまつし》）にむかい、はげしい戦《たたか》いのすえに会津藩《あいづはん》を降伏《こうふく》させました。

会津藩主《あいづはんしゅ》の居城《きょじょう》だった鶴ヶ城《つるがじょう》（会津若松城《あいづわかまつじょう》）。戊辰戦争《ぼしんせんそう》での１か月《げつ》にわたるはげしい攻撃《こうげき》にもたえぬいた。現在《げんざい》の天守閣《てんしゅかく》は再建《さいけん》されたもの。（写真提供《しゃしんていきょう》：会津若松市観光課《あいづわかまつしかんこうか》）

## 明治政府《めいじせいふ》をさる

戊辰戦争《ぼしんせんそう》で活躍《かつやく》した退助《たいすけ》は、新《あたら》しくできた明治政府《めいじせいふ》で参与《さんよ》や参議《さんぎ》などの役職《やくしょく》につきました。そのかたわらで、地元《じもと》の高知藩《こうちはん》（土佐藩《とさはん》の新《あたら》しい名前《なまえ》）の藩政改革《はんせいかいかく》も手《て》がけました。

一八七一年《ねん》（明治四年《めいじよねん》）、外務卿《がいむきょう》（外務大臣《がいむだいじん》）の岩倉具視《いわくらともみ》を団長《だんちょう》とする岩倉使節団《いわくらしせつだん》が、海外視察《かいがいしさつ》に出発《しゅっぱつ》しました。使節団《しせつだん》には、大久保利通《おおくぼとしみち》など政府《せいふ》の中心人物《ちゅうしんじんぶつ》が多《おお》く参加《さんか》していたため、使節団《しせつだん》が帰国《きこく》するまで三条実美《さんじょうさねとみ》や西郷隆盛《さいごうたかもり》、退助《たいすけ》らが政府《せいふ》をまかされました。

この使節団《しせつだん》の留守中《るすちゅう》に、朝鮮《ちょうせん》に武力《ぶりょく》で開国《かいこく》をせまろうという征韓論《せいかんろん》↓28ページがおこります。政府《せいふ》の人《ひと》びとの多《おお》くが征韓論《せいかんろん》に賛成《さんせい》でしたが、帰国《きこく》した岩倉《いわくら》や大久保《おおくぼ》に反対《はんたい》され、征韓論《せいかんろん》を強《つよ》く主張《しゅちょう》していた退助《たいすけ》は、一八七三年《ねん》（明治《めいじ》六年《ねん》）に西郷《さいごう》や象二郎《しょうじろう》らとともに、政府《せいふ》をさりました（明治六年《めいじろくねん》の政変《せいへん》）。

政府内《せいふない》では征韓論《せいかんろん》をめぐってはげしい論争《ろんそう》がおこった。
（「征韓論之図《せいかんろんのず》」楊洲斎周延《ようしゅうさいちかのぶ》　1877年《ねん》　高知市立自由民権記念館所蔵《こうちしりつじゆうみんけんきねんかんしょぞう》）

このあとに政治《せいじ》の実権《じっけん》をにぎったのは、大久保利通《おおくぼとしみち》でした。退助《たいすけ》は、一部《いちぶ》の人間《にんげん》だけで政治《せいじ》をおこなうのはよくない、国民《こくみん》みんなが政治《せいじ》に参加《さんか》できるしくみをつくりたいと考《かんが》えはじめます。そこで、一八七四年《ねん》（明治七年《めいじしちねん》）に民撰議院設立《みんせんぎいんせつりつ》の建白書《けんぱくしょ》↓26ページを政府《せいふ》に提出《ていしゅつ》し、高知《こうち》に立志社《りっししゃ》という政治結社《せいじけっしゃ》をつくりました。しかし、建白書《けんぱくしょ》は政府《せいふ》にとりあげられませんでした。

当時《とうじ》の立志社《りっししゃ》。現在《げんざい》、あと地《ち》には石碑《せきひ》が立《た》っている。
（「立志社《りっししゃ》　その活動《かつどう》と憲法草案《けんぽうそうあん》　図録《ずろく》　平成《へいせい》10年度特別展《ねんどとくべつてん》」より
高知市立市民図書館所蔵《こうちしりつしみんとしょかんしょぞう》）

自由民権運動《じゆうみんけんうんどう》の演説会《えんぜつかい》のようす。演説《えんぜつ》をやめさせようとした警官《けいかん》に対《たい》し、民衆《みんしゅう》がいかりの声《こえ》をあげている。（「絵入《えい》り自由新聞《じゆうしんぶん》」　東京大学法学部明治新聞雑誌文庫所蔵《とうきょうだいがくほうがくぶめいじしんぶんざっしぶんこしょぞう》）

## 自由《じゆう》と平等《びょうどう》を求《もと》めて

一八八一年《ねん》（明治《めいじ》十四年《ねん》）、退助《たいすけ》は日本《にほん》ではじめての近代政党《きんだいせいとう》といわれる「自由党《じゆうとう》」を結成《けっせい》し、総理《そうり》（党首《とうしゅ》）になります。全国《ぜんこく》で演説会《えんぜつかい》をひらいて自《じ》由民権運動《ゆうみんけんうんどう》を広《ひろ》め、党《とう》の勢力《せいりょく》を拡大《かくだい》しようとしましたが、一八八二年《ねん》（明治《めいじ》十五年《ねん》）、岐阜県《ぎふけん》で演説《えんぜつ》をおこなったとき、退助《たいすけ》は刺客《しかく》におそわれました（板垣退助遭難事件《いたがきたいすけそうなんじけん》）。いのちにかかわるきずではありませんでしたが、このとき退助《たいすけ》が刺客《しかく》にいった言葉《ことば》が、のちに「板垣《いたがき》死《し》すとも自由《じゆう》は死《し》せず」となってつたわっています。

その後《ご》、自由民権運動《じゆうみんけんうんどう》がはげしくなりすぎたことから、自由党《じゆうとう》は解散《かいさん》しましたが、退助《たいすけ》は自由党《じゆうとう》のながれをくむ人《ひと》びとをまとめて一八九〇年《ねん》（明治《めいじ》二十三年《ねん》）に立憲自由党《りっけんじゆうとう》を結成《けっせい》しました（翌年《よくとし》には自由党《じゆうとう》と改名《かいめい》）。

## ふたたび政治《せいじ》の中央《ちゅうおう》へ

自由民権運動《じゆうみんけんうんどう》の中心的存在《ちゅうしんてきそんざい》だった退《たい》助《すけ》は、第《だい》二次《じ》伊藤博文内閣《いとうひろぶみないかく》、第《だい》一次《じ》大《おお》隈重信内閣《くましげのぶないかく》で内務大《ないむだい》臣《じん》をつとめます。とくに、退助《たいすけ》が六十二さいのときにできた大隈内閣《おおくまないかく》は、進歩党《しんぽとう》の大隈重信《おおくましげのぶ》↓29ページと自由党《じゆうとう》の退助《たいすけ》が協《きょう》力《りょく》してつくった新《あたら》しい政党《せいとう》「憲政党《けんせいとう》」が中心《ちゅうしん》だったため、隈《わい》板内閣《はんないかく》ともよばれました。一九〇〇年《ねん》（明治《めいじ》三十三年《ねん》）、自由党《じゆうとう》が伊藤博文《いとうひろぶみ》のつくった立憲政友会《りっけんせいゆうかい》にひきつがれると、退助《たいすけ》は政治《せいじ》の世界《せかい》から引退《いんたい》しました。引退後《いんたいご》も社会《しゃかい》をよくしようと活動《かつどう》し、さまざまな提言《ていげん》をおこないました。そして一九一九年《ねん》（大正《たいしょう》八年《ねん》）に、八十三さいでなくなりました。

刺客《しかく》におそわれたとき、退助《たいすけ》は胸《むね》や手《て》などにけがをおったが、いのちにかかわるものではなかった。（「板垣君遭難之図《いたがきくんそうなんのず》」一陽斎豊宣《いちようさいとよのぶ》　1882年《ねん》　高知市立自由民権記念館所蔵《こうちしりつじゆうみんけんきねんかんしょぞう》）

# 全国《ぜんこく》に広《ひろ》がった自由民権運動《じゆうみんけんうんどう》

**板垣退助《いたがきたいすけ》が主導《しゅどう》した自由民権《じゆうみんけん》運動《うんどう》とは、どのような思想《しそう》だったのでしょうか。**

## 自由民権運動《じゆうみんけんうんどう》のおこり

自由民権運動《じゆうみんけんうんどう》のはじまりといえるのは、一八七四年《ねん》（明治《めいじ》七年《ねん》）におこなわれた民撰議院設立《みんせんぎいんせつりつ》の建白書《けんぱくしょ》の提出《ていしゅつ》と、立志社《りっししゃ》の結成《けっせい》です。退助《たいすけ》は、イギリス留学《りゅうがく》から帰国《きこく》した古沢滋《ふるさわしげる》・小室信夫《こむろしのぶ》らの話《はなし》をきき、イギリスのように政党《せいとう》をつくることを思《おも》いつきました。そして、征韓論《せいかんろん》の議論《ぎろん》にやぶれていっしょに政府《せいふ》をやめた後藤象二郎《ごとうしょうじろう》や江藤新平《えとうしんぺい》らもさそい、愛国公党《あいこくこうとう》という政党《せいとう》を結成《けっせい》しました。この愛国公党《あいこくこうとう》が、立法《りっぽう》（法律《ほうりつ》の制定《せいてい》）の補助機関《ほじょきかん》である左院《さいん》に提出《ていしゅつ》したのが、民撰議院《みんせんぎいん》設立《せつりつ》の建白書《けんぱくしょ》です。この建白書《けんぱくしょ》は、旧薩摩藩《きゅうさつまはん》・長州藩《ちょうしゅうはん》（山口県《やまぐちけん》）出身者《しゅっしんしゃ》など、一部《いちぶ》の高官《こうかん》によって主導《しゅどう》される政治《せいじ》を批判《ひはん》し、国民《こくみん》がえらんだ人《ひと》で運営《うんえい》される議院《ぎいん》を開設《かいせつ》するべきだと主張《しゅちょう》しています。この建白書《けんぱくしょ》は「日新真事誌《にっしんしんじし》」という新聞《しんぶん》に発表《はっぴょう》され、自由民権《じゆうみんけん》の思想《しそう》が広《ひろ》く知《し》られるようになりました。

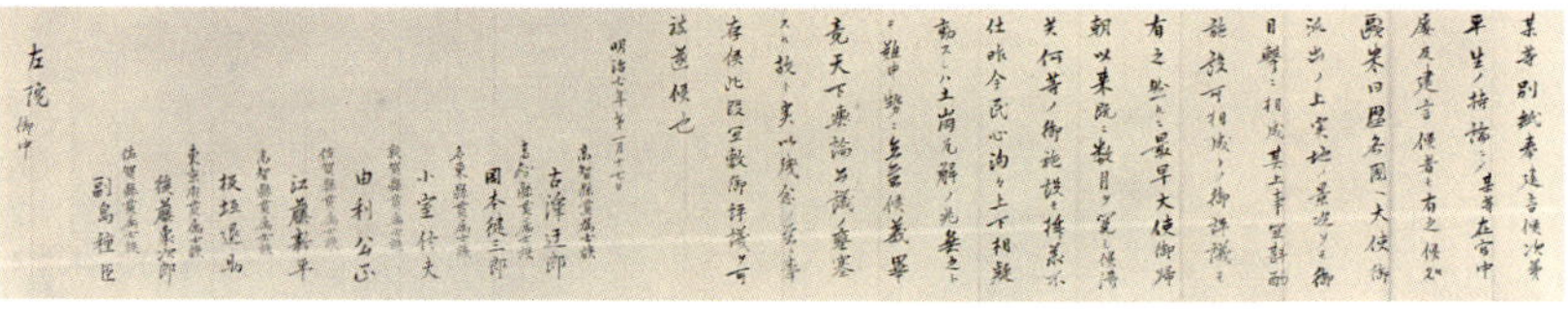

退助《たいすけ》の署名《しょめい》もある民撰《みんせん》議院設立《ぎいんせつりつ》の建白書《けんぱくしょ》。
（国立公文書館所蔵《こくりつこうぶんしょかんしょぞう》　写真提供《しゃしんていきょう》：アジア歴史資料《れきししりょう》センター）

また、おなじ年《とし》に発足《ほっそく》した立志社《りっししゃ》は、身分制度《みぶんせいど》が廃止《はいし》されて職《しょく》をうしなっていた高知《こうち》の士族《しぞく》を中心《ちゅうしん》としてつくられた政治団体《せいじだんたい》です。一八七五年《ねん》には、立志社《りっししゃ》の人《ひと》びとが中心《ちゅうしん》となって、愛国公党《あいこくこうとう》にくわわっていた人《ひと》たちといっしょに、愛国社《あいこくしゃ》をつくりました。愛国社《あいこくしゃ》は自由民権運動《じゆうみんけんうんどう》を全国《ぜんこく》でおこない、国会開設《こっかいかいせつ》を実現《じつげん》するための、大《おお》きな力《ちから》となりました。

## 自由民権運動《じゆうみんけんうんどう》の発展《はってん》

その後《ご》、自由民権運動《じゆうみんけんうんどう》は商工業者《しょうこうぎょうしゃ》や地主《じぬし》、知識人《ちしきじん》のあいだにも広《ひろ》がっていきます。とくに、地租改正《ちそかいせい》によって重《おも》い税金《ぜいきん》に苦《くる》しんでいた農村《のうそん》では、税金《ぜいきん》を軽《かる》くするべきと主張《しゅちょう》する自由民権運《じゆうみんけんうん》動《どう》は歓迎《かんげい》されました。

自由民権運動《じゆうみんけんうんどう》がさかんになってくると、明治政府《めいじせいふ》は出版《しゅっぱん》や集会《しゅうかい》などをとりしまって、運動《うんどう》を弾圧《だんあつ》しました。しかし、北海道《ほっかいどう》の**開拓使官有物払《かいたくしかんゆうぶつはら》い下《さ》げ事件《じけん》**によって政府《せいふ》への批判《ひはん》が高《たか》まると、一八八一年《ねん》（明治《めいじ》十四年《ねん》）に国会開設《こっかいかいせつ》の詔《みことのり》を発表《はっぴょう》し、十年後《ねんご》に国会《こっかい》を開設《かいせつ》することを約束《やくそく》しました。

### 全国《ぜんこく》でおこったおもな事件《じけん》

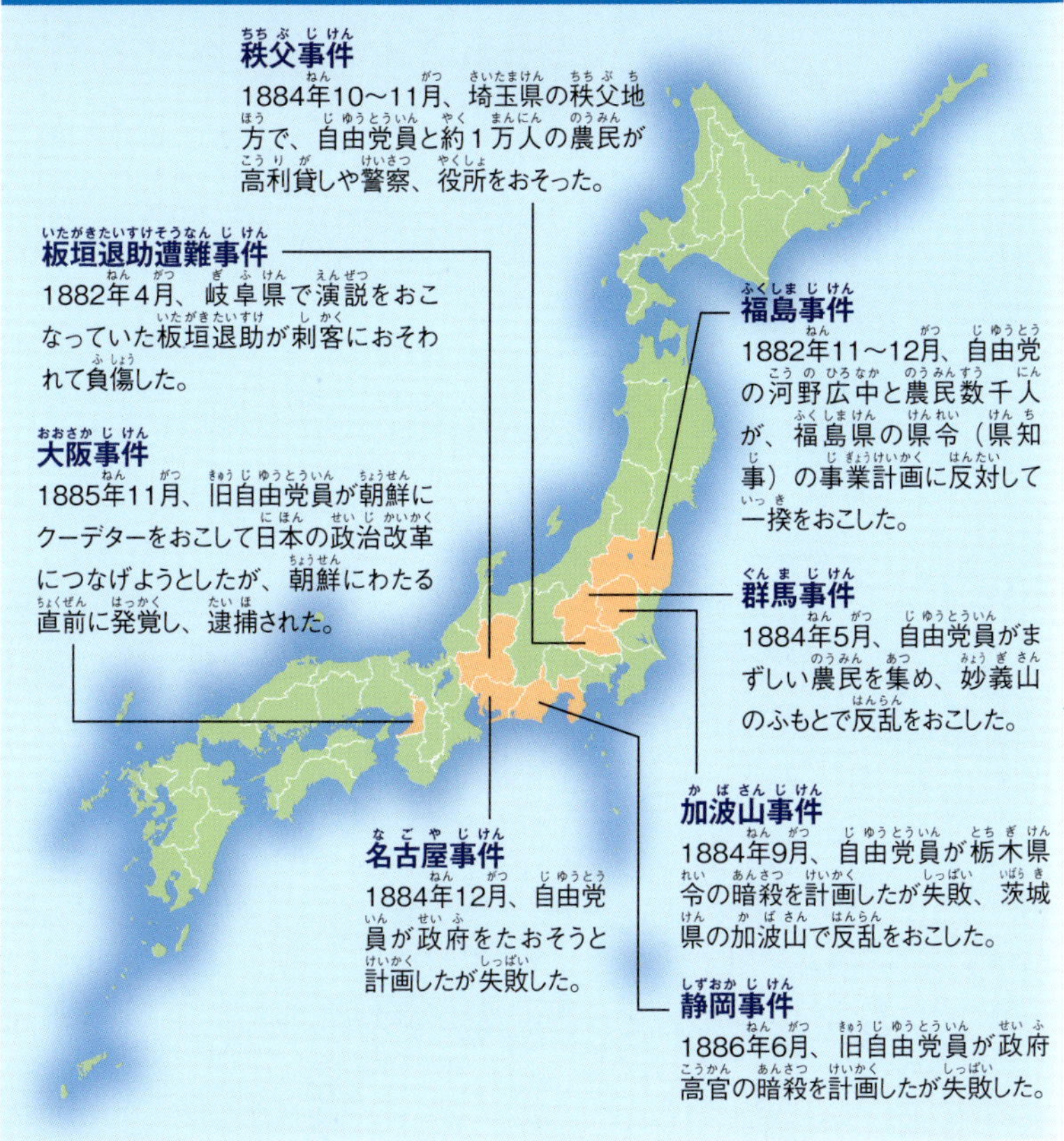

秩父事件《ちちぶじけん》
1884年《ねん》10～11月《がつ》、埼玉県《さいたまけん》の秩父地《ちちぶち》方《ほう》で、自由党員《じゆうとういん》と約《やく》1万人《まんにん》の農民《のうみん》が高利貸《こうりが》しや警察《けいさつ》、役所《やくしょ》をおそった。
板垣退助遭難事件《いたがきたいすけそうなんじけん》
1882年《ねん》4月《がつ》、岐阜県《ぎふけん》で演説《えんぜつ》をおこなっていた板垣退助《いたがきたいすけ》が刺客《しかく》におそわれて負傷《ふしょう》した。
大阪事件《おおさかじけん》
1885年《ねん》11月《がつ》、旧自由党員《きゅうじゆうとういん》が朝鮮《ちょうせん》にクーデターをおこして日本《にほん》の政治改革《せいじかいかく》につなげようとしたが、朝鮮《ちょうせん》にわたる直前《ちょくぜん》に発覚《はっかく》し、逮捕《たいほ》された。
福島事件《ふくしまじけん》
1882年《ねん》11～12月《がつ》、自由党《じゆうとう》の河野広中《こうのひろなか》と農民数千人《のうみんすうせんにん》が、福島県《ふくしまけん》の県令《けんれい》（県知事《けんちじ》）の事業計画《じぎょうけいかく》に反対《はんたい》して一揆《いっき》をおこした。
群馬事件《ぐんまじけん》
1884年《ねん》5月《がつ》、自由党員《じゆうとういん》がまずしい農民《のうみん》を集《あつ》め、妙義山《みょうぎさん》のふもとで反乱《はんらん》をおこした。
加波山事件《かばさんじけん》
1884年《ねん》9月《がつ》、自由党員《じゆうとういん》が栃木県《とちぎけん》令《れい》の暗殺《あんさつ》を計画《けいかく》したが失敗《しっぱい》、茨城《いばらき》県《けん》の加波山《かばさん》で反乱《はんらん》をおこした。
名古屋事件《なごやじけん》
1884年《ねん》12月《がつ》、自由党《じゆうとう》員《いん》が政府《せいふ》をたおそうと計画《けいかく》したが失敗《しっぱい》した。
静岡事件《しずおかじけん》
1886年《ねん》6月《がつ》、旧自由党員《きゅうじゆうとういん》が政府《せいふ》高官《こうかん》の暗殺《あんさつ》を計画《けいかく》したが失敗《しっぱい》した。


## 運動《うんどう》の激化《げきか》とおとろえ

しかし、政府《せいふ》の弾圧《だんあつ》や重税《じゅうぜい》に対《たい》する反発《はんぱつ》から、各地《かくち》で激《はげ》しい運動《うんどう》が広《ひろ》がりました。政府《せいふ》は集会条例《しゅうかいじょうれい》を改正《かいせい》して政《せい》党《とう》の支部設置《しぶせっち》を禁止《きんし》、自由党《じゆうとう》の総理《そうり》であった退助《たいすけ》を視察《しさつ》のために海外《かいがい》へ派遣《はけん》することで、運動《うんどう》をおさえこもうとしました。自由党《じゆうとう》自体《じたい》も激《はげ》しくなる運動《うんどう》を統率《とうそつ》しきれなくなり、資金《しきん》も不足《ふそく》したため、一八八四年《ねん》（明治《めいじ》十七年《ねん》）に党《とう》を解散《かいさん》しました。

一八九〇年《ねん》（明治《めいじ》二十三年《ねん》）に帝国議会《ていこくぎかい》がひらかれると、自《じ》由民権運動《ゆうみんけんうんどう》はなくなりました。

### 豆《まめ》ちしき　農民《のうみん》も自由民権運動《じゆうみんけんうんどう》に参加《さんか》

自《じ》由民権運動《ゆうみんけんうんどう》には、農民《のうみん》たちのなかでも、自作農《じさくのう》や小《ち》さな地主《じぬし》が参加《さんか》しました。不況《ふきょう》のために生活《せいかつ》が苦《くる》しくなったからです。

明治時代《めいじじだい》の初期《しょき》、政府《せいふ》は殖産興業《しょくさんこうぎょう》や西南戦争《せいなんせんそう》など、費用《ひよう》をつくる必要《ひつよう》がありました。そのため、紙幣《しへい》を大量《たいりょう》に発《はっ》行《こう》しましたが、そうするとお金《かね》が出《で》まわりすぎて、その価値《かち》は低《ひく》くなり、かわりに物《もの》の値段《ねだん》がとても高《たか》くなってしまいました。そこで多《おお》すぎるお金《かね》を税《ぜい》金《きん》として回収《かいしゅう》しましたが、今度《こんど》はお金《かね》の価値《かち》が上《あ》がりすぎて、物《もの》の値段《ねだん》が低《ひく》くなりました。

自作農《じさくのう》や地主《じぬし》は米《こめ》を現金《げんきん》にして税金《ぜいきん》としておさめていましたが、物《もの》の値段《ねだん》が安《やす》くなると、米《こめ》も安《やす》くなり、決《き》められた金額《きんがく》をおさめるためには、たくさんの米《こめ》が必要《ひつよう》になってしまってこまったのです。自分《じぶん》たちの不満《ふまん》を政治《せいじ》に反《はん》映《えい》して、こうした状況《じょうきょう》をかえるために、農民《のうみん》は自由民権運動《じゆうみんけんうんどう》に参加《さんか》するようになったのです。

# 板垣退助《いたがきたいすけ》が生《い》きた明治時代《めいじじだい》

**開国《かいこく》したばかりの明治時代初《めいじじだいしょ》期《き》には、周辺《しゅうへん》の国《くに》との外交問《がいこうもん》題《だい》がおこりました。**

## 朝鮮《ちょうせん》との国交問題《こっこうもんだい》

一八六八年《ねん》に明治時代《めいじじだい》がはじまり、新政府《しんせいふ》が政権《せいけん》をにぎりました。明治政《めいじせい》府《ふ》は朝鮮《ちょうせん》へ国書《こくしょ》（国《くに》の代表《だいひょう》がおくる手《て》紙《がみ》）をおくろうとしました。新政府《しんせいふ》の発足《ほっそく》を知《し》らせ、朝鮮《ちょうせん》と正式《せいしき》な国交《こっこう》をむすぼうと考《かんが》えたのです。しかし、そのころの朝鮮《ちょうせん》は、清《しん》（中国《ちゅうごく》）以外《いがい》の国《くに》との国交《こっこう》をこばんでいました。また、明《めい》治政府《じせいふ》の国書《こくしょ》から朝鮮《ちょうせん》に対《たい》する日本《にほん》の優越《ゆうえつ》がよみとれたため、朝鮮《ちょうせん》はうけとりを拒否《きょひ》しました。

清《しん》とは一八七一年《ねん》（明治《めいじ》四年《ねん》）に日清修好条規《にっしんしゅうこうじょうき》をむすび、対等《たいとう》な立場《たちば》での国交《こっこう》がはじまっていましたが、朝鮮《ちょうせん》とは国交《こっこう》がむすべませんでした。一八七三年《ねん》（明治《めいじ》六年《ねん》）、首脳陣《しゅのうじん》が外洋中《がいようちゅう》、退助《たいすけ》らは、西郷隆盛《さいごうたかもり》を朝鮮《ちょうせん》に派遣《はけん》して、武力《ぶりょく》をもってでも開国《かいこく》させようと考《かんが》えました（征韓論《せいかんろん》）。元《もと》は武士《ぶし》だった士族《しぞく》は、この考《かんが》えに賛成《さんせい》しました。江戸時代《えどじだい》に戦《たたか》えたのは武士《ぶし》だけでしたが、明治時代《めいじじだい》は徴兵令《ちょうへいれい》のために、庶民《しょみん》も兵隊《へいたい》になりました。士族《しぞく》は世間《せけん》に自分《じぶん》たちの力《ちから》を見《み》せつける機会《きかい》がほしかったのですが、最終的《さいしゅうてき》に、政府《せいふ》は征韓論《せいかんろん》をとりやめてしまいました。

一八七五年《ねん》（明治八年《めいじねん》）、朝鮮《ちょうせん》の江《カン》華島《ファド》のすぐそばで測量《そくりょう》をおこなった日《に》本《ほん》の軍艦《ぐんかん》を、朝鮮《ちょうせん》が砲撃《ほうげき》する事件《じけん》がおこりました（江華島事件《カンファドじけん》）。翌年《よくとし》、日《に》本政府《ほんせいふ》は黒田清隆《くろだきよたか》を中心《ちゅうしん》とする交渉団《こうしょうだん》をおくって朝鮮政府《ちょうせんせいふ》と話《はな》しあい、日朝《にっちょう》修好条規《しゅうこうじょうき》をむすんで朝鮮《ちょうせん》を開国《かいこく》させました。この条約《じょうやく》は、朝鮮《ちょうせん》にとって不平《ふびょう》等《どう》な内容《ないよう》でした。

朝鮮《ちょうせん》からの砲撃《ほうげき》をうけて、日本軍《にほんぐん》は江華島《カンファド》の砲台《ほうだい》を攻撃《こうげき》し、永宗島《ヨンジョンド》に上陸《じょうりく》して要塞《ようさい》を占領《せんりょう》した。

（「明治太平記《めいじたいへいき》」村井静馬編《むらいしずまへん》 1880年《ねん》 野田市立図書館所蔵《のだしりつとしょかんしょぞう》）

## 台湾出兵《たいわんしゅっぺい》と琉球処分《りゅうきゅうしょぶん》

江戸時代《えどじだい》、琉球《りゅうきゅう》（沖縄《おきなわ》）は薩摩藩《さつまはん》に支配《しはい》されながら、半独立国《はんどくりつこく》として清《しん》とも貿易《ぼうえき》をおこなっていました。維新後《いしんご》の一八七二年《ねん》（明治五年《めいじねん》）、明治政府《めいじせいふ》は琉球《りゅうきゅう》を日本《にほん》の藩《はん》としましたが、琉球《りゅうきゅう》も清《しん》もこれをみとめませんでした。

しかし、一八七一年《ねん》（明治四年《めいじねん》）、琉球《りゅうきゅう》の船《ふね》が嵐《あらし》のために台湾《たいわん》までながされ、五十四名《めい》の乗組員《のりくみいん》が先住民《せんじゅうみん》に殺《ころ》される事件《じけん》がおきました。このとき、明治政府《めいじせいふ》は台湾《たいわん》へ軍《ぐん》をおくり（台湾出兵《たいわんしゅっぺい》）、清国《しんこく》はイギリスとの協定《きょうてい》もあって日本《にほん》の出兵《しゅっぺい》をみとめました。その後、一八七九年《ねん》（明治十二年《めいじねん》）に、琉球藩《りゅうきゅうはん》は沖縄県《おきなわけん》となりました（琉球処分《りゅうきゅうしょぶん》）。

台湾出兵《たいわんしゅっぺい》で、明治政府《めいじせいふ》は、はじめて日本軍《にほんぐん》を海外《かいがい》へおくった。
（「台湾戦争図《たいわんせんそうず》」部分《ぶぶん》　下岡蓮杖《しもおかれんじょう》　靖國神社遊就館所蔵《やすくにじんじゃゆうしゅうかんしょぞう》）

## 板垣退助《いたがきたいすけ》とおなじ時代《じだい》を生《い》きた人《ひと》びと

### 後藤象二郎《ごとうしょうじろう》（一八三八～一八九七年《ねん》）

義理《ぎり》のおじである吉田東洋《よしだとうよう》がひらいた私塾《しじゅく》で学《まな》び、東洋《とうよう》の死後《しご》にその政策《せいさく》を引《ひ》きついで山内容堂《やまうちようどう》につかえた。公武合体派《こうぶがったいは》として、尊王攘夷派《そんのうじょういは》の土佐勤王党《とさきんのうとう》を弾圧《だんあつ》したが、のちに坂本龍馬《さかもとりょうま》と手《て》をむすび、大政奉還《たいせいほうかん》を徳川慶喜《とくがわよしのぶ》にすすめるように提案《ていあん》した。明治維新後《めいじいしんご》は退助《たいすけ》の自由党《じゆうとう》の結成《けっせい》に協力《きょうりょく》し、逓信大臣《ていしんだいじん》や農商務大臣《のうしょうむだいじん》などをつとめた。

土佐出身《とさしゅっしん》の政治家《せいじか》として、退助《たいすけ》とともに明治政府《めいじせいふ》で活躍《かつやく》した。
（国立国会図書館所蔵《こくりつこっかいとしょかんしょぞう》）

### 大隈重信《おおくましげのぶ》（一八三八～一九二二年《ねん》）

佐賀藩《さがはん》（佐賀県《さがけん》）出身《しゅっしん》の政治家《せいじか》。明治政府《めいじせいふ》では財政面《ざいせいめん》の責任者《せきにんしゃ》として活躍《かつやく》した。自由民権運動《じゆうみんけんうんどう》がおこると、国会《こっかい》を即刻《そっこく》ひらくよう主張《しゅちょう》して政府《せいふ》を追《お》われた。立憲改進党《りっけんかいしんとう》をつくり、外務大臣《がいむだいじん》として条約改正《じょうやくかいせい》にかかわったほか、内閣総理大臣《ないかくそうりだいじん》を二度《ど》つとめた。また、東京専門学校《とうきょうせんもんがっこう》（現在《げんざい》の早稲田大学《わせだだいがく》）を創立《そうりつ》した。

明《あか》るい人《ひと》がらで「民衆政治家《みんしゅうせいじか》」として国民《こくみん》に親《した》しまれた。
（国立国会図書館所蔵《こくりつこっかいとしょかんしょぞう》）

### 武市半平太《たけちはんぺいた》（一八二九～一八六五年《ねん》）

武市瑞山《たけちずいざん》ともよばれ、坂本龍馬《さかもとりょうま》の親《しん》せきにあたる。土佐勤王党《とさきんのうとう》を結成《けっせい》し、尊王攘夷派《そんのうじょういは》の先頭《せんとう》にたって活発《かっぱつ》に活動《かつどう》し、公武合体派《こうぶがったいは》の吉田東洋《よしだとうよう》を暗殺《あんさつ》した。しかし、山内容堂《やまうちようどう》や後藤象二郎《ごとうしょうじろう》による弾圧《だんあつ》をうけ、処刑《しょけい》された。

## もっと知《し》りたい！　板垣退助《いたがきたいすけ》

板垣退助《いたがきたいすけ》ゆかりの場所《ばしょ》、明治時代《めいじじだい》のことがわかる博物館《はくぶつかん》、板垣退助《いたがきたいすけ》についてかかれた本《ほん》などを紹介《しょうかい》します。

資料館《しりょうかん》　博物館《はくぶつかん》
史跡《しせき》　遺跡《いせき》
板垣退助《いたがきたいすけ》についてかかれた本《ほん》

### 高知市立自由民権記念館《こうちしりつじゆうみんけんきねんかん》

自由民権運動《じゆうみんけんうんどう》がさかんだった高知《こうち》にある記念館《きねんかん》。高知出身《こうちしゅっしん》の運動家《うんどうか》のものを中心《ちゅうしん》に、自由民権運動《じゆうみんけんうんどう》の資料《しりょう》を豊富《ほうふ》に所蔵《しょぞう》している。自由民権《じゆうみんけん》の演説《えんぜつ》がおこなわれた会場《かいじょう》の雰囲気《ふんいき》を再現《さいげん》した部屋《へや》もある。

〒780-8010
高知県高知市栈橋通《こうちけんこうちしさんばしどおり》4-14-3
☎088-831-3336
http://www.i-minken.jp/

土佐《とさ》の運動《うんどう》を中心《ちゅうしん》として、自由民権運動《じゆうみんけんうんどう》のながれが豊富《ほうふ》な資料《しりょう》とともに紹介《しょうかい》されている。（写真提供《しゃしんていきょう》：高知市立自由民権記念館《こうちしりつじゆうみんけんきねんかん》）

### 衆議院憲政記念館《しゅうぎいんけんせいきねんかん》

帝国議会《ていこくぎかい》から現在《げんざい》の国会《こっかい》にいたるまでの立憲政治《りっけんせいじ》の歴史《れきし》や、国会《こっかい》のしくみについて学《まな》ぶことができる。帝国議会《ていこくぎかい》に出席《しゅっせき》する議員《ぎいん》のようすの立体映像《りったいえいぞう》や、議場《ぎじょう》を体験《たいけん》できるコーナーなどもある。

〒100-0014
東京都千代田区永田町《とうきょうとちよだくながたちょう》1-1-1
☎03-3581-1651

（写真提供《しゃしんていきょう》：衆議院憲政記念館《しゅうぎいんけんせいきねんかん》）

### 三春町自由民権記念館《みはるまちじゆうみんけんきねんかん》

三春町歴史民俗資料館《みはるまちれきしみんぞくしりょうかん》内《ない》にある記念館《きねんかん》。退助《たいすけ》とともに自由民権運動《じゆうみんけんうんどう》をおしすすめた河野広中《こうのひろなか》をはじめとして、三春町出身《みはるまちしゅっしん》の運動家《うんどうか》の遺品《いひん》や資料《しりょう》を展示《てんじ》している。

〒963-7758
福島県田村郡三春町字桜谷《ふくしまけんたむらぐんみはるまちあざさくらだに》5
三春町歴史民俗資料館《みはるまちれきしみんぞくしりょうかん》1階《かい》
☎0247-62-5263
http://www.town.miharu.fukushima.jp/rekishi/

（写真提供《しゃしんていきょう》：三春町《みはるまち》歴史民俗資料館《れきしみんぞくしりょうかん》）

### 板垣退助《いたがきたいすけ》の墓《はか》

退助《たいすけ》の墓《はか》は東京都品川区《とうきょうとしながわく》にある品川神社《しながわじんじゃ》（北品川《きたしながわ》）の裏《うら》にある。遺言《ゆいごん》によって退助《たいすけ》は東京《とうきょう》の高源院《こうげんいん》にほうむられたが、のちに高源院《こうげんいん》が移転《いてん》して墓《はか》だけがいまの場所《ばしょ》にのこった。墓《はか》のそばには、「板垣死《いたがきし》すとも自由《じゆう》は死《し》せず」ときざまれた石碑《せきひ》がたっている。

品川神社《しながわじんじゃ》の裏《うら》にある墓《はか》。高知県高知市《こうちけんこうちし》にも、分骨《ぶんこつ》された退助《たいすけ》の墓《はか》がある。

### 『時代《じだい》を動《うご》かした人々《ひとびと》〈維新編《いしんへん》〉三日月《みかづき》に祈《いの》る自由民権《じゆうみんけん》の志士《しし》　板垣退助《いたがきたいすけ》』

作《さく》／古川薫《ふるかわかおる》
小峰書店《こみねしょてん》　2003年《ねん》

板垣退助《いたがきたいすけ》の生涯《しょうがい》をえがいた歴史小説《れきししょうせつ》。明治政府《めいじせいふ》のありかたに疑問《ぎもん》を感《かん》じ、理想的《りそうてき》な政治《せいじ》と自由《じゆう》をもとめて戦《たたか》った退助《たいすけ》の行動《こうどう》や思想《しそう》について知《し》ることができる。

# さくいん・用語《ようご》解説《かいせつ》


愛国公党《あいこくこうとう》……26
愛国社《あいこくしゃ》……26
会津藩《あいづはん》……23
板垣退助遭難事件《いたがきたいすけそうなんじけん》……25、27
伊藤博文《いとうひろぶみ》……25
岩倉使節団《いわくらしせつだん》……24
岩倉具視《いわくらともみ》……24
江藤新平《えとうしんぺい》……26
王政復古《おうせいふっこ》の大号令《だいごうれい》……23
大久保利通《おおくぼとしみち》……24
大隈重信《おおくましげのぶ》……25、29
沖縄県《おきなわけん》……29
開拓使官有物《かいたくしかんゆうぶつ》払《はら》い下《さ》げ事件《じけん》……27
▼北海道《ほっかいどう》開拓使《かいたくし》が北海道《ほっかいどう》の開拓《かいたく》にあたっていた役所《やくしょ》の施設《しせつ》や財産《ざいさん》を、民間《みん かん》の関係者《かんけいしゃ》に安《やす》く売《う》りわたそうとした事件《じけん》。国民《こくみん》から批判《ひはん》の声《こえ》があがったため、売却《ばいきゃく》は中止《ちゅうし》された。
江華島事件《カンファドじけん》……28
黒田清隆《くろだきよたか》……28
憲政党《けんせいとう》……25
公武合体派《こうぶがったいは》……22、23、29
国会《こっかい》……26、27、29
国会開設《こっかいかいせつ》の詔《みことのり》……27
後藤象二郎《ごとうしょうじろう》……22、24、26、29
近藤勇《こんどういさみ》……23
西郷隆盛《さいごうたかもり》……23、24、28
左院《さいん》……26
坂本龍馬《さかもとりょうま》……23、29
三条実美《さんじょうさねとみ》……24
自由党《じゆうとう》……25、27、29
自由民権運動《じゆうみんけんうんどう》……25、26、27、29
新選組《しんせんぐみ》……23
征韓論《せいかんろん》……24、26、28
「孫子《そんし》」……22
▼中国《ちゅうごく》の孫武《そんぶ》がかいたといわれている兵法書《ひょうほうしょ》。戦争《せんそう》における作戦《さくせん》や陣形《じんけい》などの戦《たたか》いかたから、どうすれば勝《か》てるかといった心理面《しんりめん》までのべられている。
尊王攘夷派《そんのうじょういは》……22、23、29
大政奉還《たいせいほうかん》……23、29
台湾出兵《たいわんしゅっぺい》……29
武市半平太《たけちはんぺいた》……23、29
地租改正《ちそかいせい》……26
徴兵令《ちょうへいれい》……28
帝国議会《ていこくぎかい》……27
徳川慶喜《とくがわよしのぶ》……29
土佐勤王党《とさきんのうとう》……23、29
土佐藩《とさはん》（高知藩《こうちはん》）……22、23、24
中岡慎太郎《なかおかしんたろう》……23
日光東照宮《にっこうとうしょうぐう》……23
日清修好条規《にっしんしゅうこうじょうき》……28
日朝修好条規《にっちょうしゅうこうじょうき》……28
藩政改革《はんせいかいかく》……24
戊辰戦争《ぼしんせんそう》……23、24
民撰議院設立《みんせんぎいんせつりつ》の建白書《けんぱくしょ》……24、26
明治政府《めいじせいふ》……29
明治《めいじ》六年の政変《せいへん》……24、27、28、29
山内容堂《やまうちようどう》……22、23、29
吉田東洋《よしだとうよう》……22、23、29
立憲改進党《りっけんかいしんとう》……29
立憲自由党《りっけんじゆうとう》……25
立憲政友会《りっけんせいゆうかい》……25
立志社《りっししゃ》……24、26
琉球《りゅうきゅう》……29
琉球処分《りゅうきゅうしょぶん》……29
隈板内閣《わいはんないかく》……25

## ■監修

**安田　常雄（やすだ　つねお）**

1946年東京都生まれ。東京大学大学院博士課程単位取得。経済学博士。現在、国立歴史民俗博物館特別客員教授。歴史学研究会、同時代史学会などの会員。『日本ファシズムと民衆運動』（れんが書房新社）、『戦後経験を生きる』（共編、吉川弘文館）、『日本史講座（10）戦後日本論』（共編、東京大学出版会）など著書多数。

## ■文（2〜21ページ）

**西本　鶏介（にしもと　けいすけ）**

1934年奈良県生まれ。評論家・民話研究家・童話作家として幅広く活躍する。昭和女子大学名誉教授。各ジャンルにわたって著書は多いが、伝記に『心を育てる偉人のお話』全3巻、『徳川家康』、『武田信玄』、『源義経』、『独眼竜政宗』（ポプラ社）、『大石内蔵助』、『宮沢賢治』、『夏目漱石』、『石川啄木』（講談社）などがある。

## ■絵

**青山　邦彦（あおやま　くにひこ）**

東京都生まれ。建築設計事務所勤務を経て、絵本作家となる。2002年ボローニャ国際絵本原画展ノンフィクション部門入選。第20回ブラティスラヴァ世界絵本原画展出展。おもな作品に『たのしいたてもの』『てんぐのきのかくれが』（教育画劇）、『ドアーフじいさんのいえづくり』（フレーベル館）などがある。


## ■主な参考図書


『板垣退助』著／高野澄　PHP研究所　1990年

『板垣退助ー板垣死すとも自由は死せず。』編／高知市立自由民権記念館　高知市立自由民権記念館　1994年

『山川　詳説日本史図録』（第3版）編／詳説日本史図録編集委員会　山川出版社　2010年



企画・編集　こどもくらぶ
装丁・デザイン　長江　知子
D　T　P　株式会社エヌ・アンド・エス企画

よんで しらべて 時代がわかる　ミネルヴァ日本歴史人物伝
板垣退助
——国民参加の政治をめざして——

2012年3月30日　初版第1刷発行　検印廃止

定価はカバーに表示しています

監修者　安田常雄
文　西本鶏介
絵　青山邦彦
発行者　杉田啓三
印刷者　金子眞吾

発行所　株式会社　ミネルヴァ書房
607-8494　京都市山科区日ノ岡堤谷町1
電話 075-581-5191／振替 01020-0-8076



印刷・製本　凸版印刷株式会社

ISBN978-4-623-06195-2
NDC281/32P/27cm
Printed in Japan

よんでしらべて時代がわかる
# ミネルヴァ 日本歴史人物伝

## 卑《ひ》弥《み》呼《こ》
監修 山岸良二　文 西本鶏介　絵 宮嶋友美

## 聖《しょう》徳《とく》太《たい》子《し》
監修 山岸良二　文 西本鶏介　絵 たごもりのりこ

## 中《なかの》大《おお》兄《えの》皇《おう》子《じ》
監修 山岸良二　文 西本鶏介　絵 山中桃子

## 聖《しょう》武《む》天《てん》皇《のう》
監修 山岸良二　文 西本鶏介　絵 きむらゆういち

## 紫《むらさき》式《しき》部《ぶ》
監修 朧谷寿　文 西本鶏介　絵 青山友美

## 平《たいらの》清《きよ》盛《もり》
監修 木村茂光　文 西本鶏介　絵 きむらゆういち

## 源《みなもとの》頼《より》朝《とも》
監修 木村茂光　文 西本鶏介　絵 野村たかあき

## 足《あし》利《かが》義《よし》満《みつ》
監修 木村茂光　文 西本鶏介　絵 宮嶋友美

## 雪《せっ》舟《しゅう》
監修 木村茂光　文 西本鶏介　絵 広瀬克也

## 織《お》田《だ》信《のぶ》長《なが》
監修 小和田哲男　文 西本鶏介　絵 広瀬克也

## 豊《とよ》臣《とみ》秀《ひで》吉《よし》
監修 小和田哲男　文 西本鶏介　絵 青山邦彦

## 徳《とく》川《がわ》家《いえ》康《やす》
監修 大石学　文 西本鶏介　絵 宮嶋友美

## 春《かす》日《がの》局《つぼね》
監修 大石学　文 西本鶏介　絵 狩野富貴子

## 杉《すぎ》田《た》玄《げん》白《ぱく》
監修 大石学　文 西本鶏介　絵 青山邦彦

## 伊《い》能《のう》忠《ただ》敬《たか》
監修 大石学　文 西本鶏介　絵 青山邦彦

## 歌《うた》川《がわ》広《ひろ》重《しげ》
監修 大石学　文 西本鶏介　絵 野村たかあき

## 坂《さか》本《もと》龍《りょう》馬《ま》
監修 大石学　文 西本鶏介　絵 野村たかあき

## 西《さい》郷《ごう》隆《たか》盛《もり》
監修 大石学　文 西本鶏介　絵 野村たかあき

## 福《ふく》沢《ざわ》諭《ゆ》吉《きち》
監修 安田常雄　文 西本鶏介　絵 たごもりのりこ

## 伊《い》藤《とう》博《ひろ》文《ぶみ》
監修 安田常雄　文 西本鶏介　絵 おくやまひでとし

## 板《いた》垣《がき》退《たい》助《すけ》
監修 安田常雄　文 西本鶏介　絵 青山邦彦

## 与《よ》謝《さ》野《の》晶《あき》子《こ》
監修 安田常雄　文 西本鶏介　絵 宮嶋友美

## 野《の》口《ぐち》英《ひで》世《よ》
監修 安田常雄　文 西本鶏介　絵 たごもりのりこ

## 宮《みや》沢《ざわ》賢《けん》治《じ》
文 西本鶏介　絵 黒井健

27cm　32ページ　NDC281　オールカラー
小学校低学年～中学生向き

# 日本《にほん》の歴史年表《れきしねんぴょう》

| 時代《じだい》 | 年《ねん》 | できごと | このシリーズに出《で》てくる人物《じんぶつ》 |
|---|---|---|---|
| 旧石器時代《きゅうせっきじだい》 | 四〇〇万年前《まんねんまえ》~ | 採集《さいしゅう》や狩《か》りによって生活《せいかつ》する | |
| 縄文時代《じょうもんじだい》 | 一三〇〇〇年前《ねんまえ》~ | 縄文土器《じょうもんどき》がつくられる | |
| 弥生時代《やよいじだい》 | 前《ぜん》四〇〇年《ねん》ごろ~ | 稲作《いなさく》、金属器《きんぞくき》の使用《しよう》がさかんになる | |
| | | 小《ち》さな国《くに》があちこちにできはじめる | 卑弥呼《ひみこ》 |
| 古墳時代《こふんじだい》 | 二五〇年ごろ~ | 大和朝廷《やまとちょうてい》の国土統一《こくどとういつ》が進《すす》む | |
| 飛鳥時代《あすかじだい》 | 五九三 | 聖徳太子《しょうとくたいし》が摂政《せっしょう》となる | 聖徳太子《しょうとくたいし》 |
| | 六〇七 | 小野妹子《おののいもこ》を隋《ずい》におくる | |
| | 六四五 | 大化《たいか》の改新《かいしん》 | 中大兄皇子《なかのおおえのおうじ》 |
| | 七〇一 | 大宝律令《たいほうりつりょう》ができる | |
| 奈良時代《ならじだい》 | 七一〇 | 都《みやこ》を奈良《なら》（平城京《へいじょうきょう》）にうつす | |
| | 七五二 | 東大寺《とうだいじ》の大仏《だいぶつ》ができる | 聖武天皇《しょうむてんのう》 |
| 平安時代《へいあんじだい》 | 七九四 | 都《みやこ》を京都《きょうと》（平安京《へいあんきょう》）にうつす | |
| | | 藤原氏《ふじわらし》がさかえる | |
| | | 『源氏物語《げんじものがたり》』ができる | 紫式部《むらさきしきぶ》 |
| | 一一六七 | 平清盛《たいらのきよもり》が太政大臣《だいじょうだいじん》となる | 平清盛《たいらのきよもり》 |
| | 一一八五 | 源氏《げんじ》が平氏《へいし》をほろぼす | |
| 鎌倉時代《かまくらじだい》 | 一一九二 | 源頼朝《みなもとのよりとも》が征夷大将軍《せいいたいしょうぐん》となる | 源頼朝《みなもとのよりとも》 |
| | 一二七四 | 元《げん》がせめてくる | |
| | 一二八一 | 元《げん》がふたたびせめてくる | |
| | 一三三三 | 鎌倉幕府《かまくらばくふ》がほろびる | |
| 南北朝《なんぼくちょう》時代《じだい》 | 一三三六 | 朝廷《ちょうてい》が南朝《なんちょう》と北朝《ほくちょう》にわかれ対立《たいりつ》する | |
| | 一三三八 | 足利尊氏《あしかがたかうじ》が征夷大将軍《せいいたいしょうぐん》となる | |
| | 一三九二 | 南朝《なんちょう》と北朝《ほくちょう》がひとつになる | 足利義満《あしかがよしみつ》 |